PARCHEMINS

ET VIEUX PAPIERS

DU

PAYS BOULLENOIS

ET PAYS CIRCONVOISINS

PAR

Le Docteur Emile DUTERTRE

BOULOGNE-SUR-MER

IMPRIMERIE G. HAMAIN

83, RUE FAIDHERBE

1899

LES
CORSAIRES BOULONNAIS

En l'an VI et en l'an VII

DE LA RÉPUBLIQUE UNE ET INDIVISIBLE

1798-1799

AN VI

La Revanche.

Armateur, le citoyen Clarté, commandée par le citoyen Pierre-Antoine-Joseph Sauvage.

Armée à Boulogne le 14 germinal.

Deux prises chargées de bois de construction conduites à Christiandzand (Christiansand).

Désarmée à Calais le 23 messidor an 5e.

Le Drôle.

Armateur le citoyen Moleux Crouys, commandé par le citoyen Louis Digard.

Armé à Boulogne le 18 germinal, 5e année.

Désarmé le 5 prairial sans prise.

Réarmé le 3 messidor commandé par le citoyen Jean-Marie Lebeau.

Désarmé le 22 messidor sans prise.

Le Furet n° 1.

Armateur le citoyen Tiesset fils, commandé par le citoyen Augustin Huret.

Armé à Boulogne le 7 floréal 5ᵉ année.

Désarmé le 8 prairia! sans prise.

Réarmé le 12 prairial.

Désarmé le 11 messidor sans prise.

Réarmé le 5 thermidor an 5ᵉ. Capitaine Denis Formentin.

Le 12 thermidor conduit dans le port de Boulogne un brick anglais nommé le *Garland* de 130 tonneaux chargé de charbon de terre.

Désarmé le 27 thermidor an 5ᵉ.

Réarmé le 6 fructidor an 5ᵉ capitaine Toussaint Denis Lebeau.

Désarmé le .. fructidor an 5ᵉ sans prise.

L'Hirondelle.

Armateur le citoyen Louis Fontaine, commandée par le citoyen Lelong.

Armée à Boulogne le 12 floréal 5ᵉ année.

Désarmée le 27 floréal sans prise.

L'Unité.

Armateur le citoyen Moleux Crouys, commandé par le citoyen Robert.

Armé à Boulogne le 18 floréal 5ᵉ année.

Pris.

Le Diable volant.

Armateur le citoyen Louis Fontaine, commandé par le citoyen Jⁿ Sauvage.

Désarmé le 5 messidor an 5ᵉ sans prise.

Réarmé le 6 thermidor par le citoyen Laforet, capitaine Joseph Lelong.

Le 30 thermidor conduit à Calais un sloop anglais chargé de bierre, sucre, chapeaux et autres marchandises.

Sombré le 20 fructidor an 5ᵉ.

Le Sauvage.

Armateur le citoyen Merlin Dubrœuil, commandé par le citoyen Jean-Baptiste Polet.

Armé à Boulogne le 11 prairial.

A pris le 22 messidor le sloop *la Fortune* chargé de genièvre et tabac, conduit à Boulogne *la Fortune*.

Le 3 thermidor conduit un lougre anglais chargé de genièvre à Boulogne.

... à Calais même cargaison.

Conduit à Calais le .. messidor un navire à trois mâts américain chargé de différentes marchandises.

Désarmé le 7 thermidor an 5ᵉ.

Réarmé le 25 thermidor an 5ᵉ.

Conduit à Calais, le .. fructidor un brick chargé de charbon de terre de concert avec le *Requin*.

Conduit à Boulogne le 2 vendémiaire an 6ᵉ le sloop *le Neptune* du port de 41 tonneaux venant de Flessingue allant à Lisbonne chargé de crêpes, dentelles et joyaux en tout 17 ballots de concert avec *le Requin*.

Conduit dans les ports de Gravelines, Hostende et Flessingue quatre batiments chargé de beurre, fromage, bleds, etc., de concert avec *le Requin*.

Conduit dans le port de Dieppe, le 17 vendémiaire,

un brick lesté et un trois mâts chargé de sucre, café, cacao, indigo, etc., de concert avec le *Requin.*

Désarmé le...

Le Prosper.

Armateur le citoyen Chaumteau ? de Dunkerque, commandé par le citoyen Levasseur.

Armé à Boulogne le 8 messidor.

Pris.

La Mouche.

Armateur le citoyen Louis Fontaine, commandée par le citoyen Gauvin.

Armée à Boulogne le 13 messidor.

Désarmée sans prise.

Le Hardi.

Armateur le citoyen Grimonpré, commandé par le citoyen Le Jeune.

Armé à Boulogne le 7 thermidor an 5e.

Désarmé sans prise.

Le Requin.

Armateur le citoyen Merlin Dubrœuil, commandé par le citoyen Jean-Augustin Huret, armé à Boulogne le 6 fructidor 5e année.

Conduit à Calais le.. fructidor un brick chargé de charbon de terre pris de concert avec *le Sauvage.*

Conduit à Boulogne le 2 vendémiaire an 6e le sloop *Neptune* du port de 41 tonneaux venant de Flessingue allant à Lisbonne chargé de crêpes, dentelles et joyaux en tout 17 ballots de concert avec *le Sauvage.*

Conduit dans les ports de Gravelines, Hostende et Flessingue, quatre bâtiments chargés de beurre, fromage, bled, etc., de concert avec *le Sauvage.*

Conduit dans le port de Dieppe, le 17 vendémiaire un brick sur lest et un trois mâts chargé de sucre, café, cacao, indigo, etc., de concert avec *le Sauvage.*

Désarmé le...

Réarmé le.. frimaire, commandé par le citoyen Jacques Broquant.

Désarmé sans prise.

Le Furet de Calais.

Armateur le citoyen Grimonpré, commandé par le citoyen François Trudin. Armé à Boulogne le 21 fructidor 5ᵉ année.

Conduit dans le port de Boulogne un brick anglais le 15 vendémiaire an 6ᵉ chargé de sucre, bierre, etc.

Désarmé le .. brumaire an 6ᵉ.

L'Enjôleur.

Armateur le citoyen Tiesset fils et Cⁱᵉ. Commandé par le citoyen Jacques Oudart Formentin.

Armé à Boulogne le 25 fructidor an 5ᵉ.

Conduit à Calais le 2 vendémiaire 6ᵉ année un bâtiment chargé de charbon de terre.

Conduit à Boulogne le 18 vendémiaire un sloop anglais chargé de gueuse en fer.

Désarmé le .. brumaire an 6ᵉ.

Les Bons Amis.

Armateur le citoyen Tiesset fils et Cie. Commandé par le citoyen Jean-Pierre-Antoine Duchenne.

Armé à Boulogne le 13 vendémiaire 6e année.

Conduit dans le port de Boulogne le 14 un brick danois chargé de pelleterie.

Désarmé le 15 vendémiaire an 6e.

La Levrette.

Armateurs les citoyens Tiesset et Moleux Crouy. Commandé par le citoyen Jean-Marie Lebeau.

Armé à Boulogne le 24 vendémiaire an 6e.

Désarmé le 13 brumaire sans prise.

Le Pourvoyeur.

Armateur le citoyen Laforet fils, commandé par le citoyen Joseph-Bertrand Lelong.

Armé à Boulogne le .. brumaire an 6e.

Conduit à Calais une galiote prussienne chargée de fruits pour Londres le 6 nivôse an 6e.

Naufragé à l'entrée du port le 7 nivôse 6e année.

Le Rusé.

Armateur le citoyen Tiesset fils et Cie, commandé par le citoyen Jacques Oudart Fourmentin.

Armé à Boulogne le 14 frimaire 6e année.

Pris de concert avec *l'Espiègle* un bâtiment armé de dix canons de 18 et deux de 36, qu'ils ont conduits dans le port le 2 nivôse 6e année.

L'Espiègle.

Armateur le citoyen Tiesset fils et Cie, commandé par le citoyen Jean-Pierre-Antoine Duchenne.

Armé à Boulogne le 14 frimaire 6e année.

A pris de concert avec *le Rusé* un batiment armé de dix canons de 18 et de deux de 36 qu'ils ont conduits dans le port le 2 nivôse 6e année.

Désarmé le 28 nivôse.

Réarmé le 30 pluviôse an 6e sous le même commandement.

Les Deux Frères.

Armateur le citoyen Alexandre Adam, commandé par le citoyen Nicolas-Denis Fourmentin.

Armé à Boulogne le 14 frimaire 6e année.

Conduit le 1er nivôse 6e année à Dieppe un bâtiment marchand à trois mâts sortant de Londres chargé de quincaillerie pour la Jamaïque.

Conduit dans le port de Boulogne un navire chargé de terre à pipes.

Désarmé le .. nivôse.

Réarmé le .. pluviôse an 6e sous le même commandement.

Conduit dans le port de Boulogne, *la Victoire*, un brick anglais chargé de charbon de terre,

Le Cigne.

Armateur le citoyen Louis-Fontaine Gallet, commandé par le citoyen Robert Cornu fils.

Armé à Boulogne le 15 nivôse an 6e.

Conduit dans le port le 4 pluviôse *le Lion du Nord* brick danois chargé de diverses marchandises.

Conduit dans le port le 4 pluviôse deux slóops anglais dont un sur son lest et l'autre chargé de différentes marchandises.

Conduit dans le port le 30 pluviôse le brick, *le Ballon*, chargé de bled et orge.

L'Escamoteur.

Armateur le citoyen Harelle et Cie, commandé par le citoyen Firmin Aucoin,

Armé à Boulogne le 30 nivôse 6ᵉ année.

Conduit un brick à Calais le 3 pluviôse.

Pris un sloop échoué au ruisseau d'Elbeck le 6 pluviôse chargé de pierre.

Le Furet,

Armateur le citoyen Grimonpré, commandé par le citoyen Guillaume Huret.

Armé à Boulogne le...

Conduit un paquebot à Calais.

Conduit dans le port de Boulogne de concert avec *le Tonnerre* une galiote danoise chargée d'eau-de-vie.

Le Marsouin.

Armateur le citoyen Merlin, commandé par le citoyen Jacques Bourgain.

Armé à Boulogne le...

Conduit un navire (sloop) sur son lest le 3 pluviôse à Dunkerque.

Le Jupiter.

Armateur le citoyen Merlin Dubreuil, commandé par Jean-Baptiste Polet.

Armé à Boulogne le...

Conduit un navire brick à Dunkerque sur son lest et un sloop pêcheur.

Le Tonnerre.

Armateur le citoyen Merlin Dubreuil commandé par le citoyen Joseph Huret.

Armé à Boulogne le...

Les Huit Frères.

Armateur le citoyen Tiesset fils commandé par le citoyen Jacques Delpierre.

Armé à Boulogne le...

La Rancune.

Armateur le citoyen Lafoirez cadet, commandé par le citoyen Lautonne.

Armé à Boulogne le 29 pluviôse.

Le Vengeur.

Armateur le citoyen Barbe, commandé par le citoyen...

Armé à Boulogne le 30 pluviôse an 6e.

AN VII

Le Furet.

Armateur le citoyen Tiesset fils et Cie, commandé par Nicolas-Denis Fourmentin.

Armé à Boulogne le 15 vendémiaire an 7°.

Le 20 vendémiaire an 7° conduit en ce port de concert avec l'*Enjoleur* le brick anglais, *le Haddock*, chargé de thé.

L'Enjôleur.

Armateur le citoyen Delporte et Cie, commandé par le citoyen Jacques Oudart Fourmentin. Armé à Boulogne le 15 vendémiaire an 7°.

Conduit en ce port le 20 vendémiaire an 7°, de concert avec *le Furet*, le brick anglais *le Haddock*, chargé de thé.

Le Furet.

Armateur le citoyen Moleux Crouys, commandé par le citoyen Nicolas-Denis Fourmentin. Armé à Boulogne le 5 brumaire an 7.

Conduit en ce port le 6 frimaire de concert avec *les Huit Frères* sept bateaux pêcheurs anglais.

Conduit en ce port le 25 frimaire, de concert avec les *Huit-Frères*, le navire *le Délacteur* prussien.

Le Décidé.

Armateur le citoyen Lafoirez cadet, commandé par le citoyen Louis-Pierre-François Lautomne.

Armé à Boulogne le 23 brumaire an 7°.

Les Huit Frères.

Armateur le citoyen Alexandre Adam et Cie, commandé par le citoyen Pierre-David Fouqueux.

Armé à Boulogne le 2 frimaire an 7.

Conduit en ce port le 6 frimaire, de concert avec *le Furet*, sept bateaux pêcheurs anglais.

Conduit en ce port le 26 frimaire de concert avec *le Furet*, le navire *le Délacteur* prussien.

Désarmé à Calais le 14 pluviôse.

La Revanche.

Armateur le citoyen Moleux Crouys et Cie, commandé par le citoyen Nicolas-Joseph Routtier.

Armé à Boulogne le 12 frimaire an 7e.

Conduit en ce port le 15 nivôse, le navire danois *le Petere.*

L'Escamoteur.

Armateur le citoyen Alexandre Adam et Cie, commandé par le citoyen Jean-Jacques Fourmentin.

Armé à Boulogne le 2 frimaire an 7e.

Le Tippo-Saïb.

Armateur le citoyen Louis Fontaine, commandé par le citoyen Toussaint-Denis Lebeau.

Armé à Boulogne le 2 pluviôse an 7e.

Conduit dans le port de Boulogne le 6 pluviôse de concert avec le corsaire *les Huit Frères*, capitaine Pierre-David Fouqueux un brick *les Trois Frères* de 130 tonneaux chargé d'avoine (anglais).

Désarmé en ce port le 1er germinal an 7e.

L'Industrie.

Armateur le citoyen Griset, commandé par le citoyen Jean-Augustin Huret.

Armé à Boulogne le 6 pluviôse an 7ᵉ.

Du 14 pluviôse an 7ᵉ.

Conduit en ce port le sloop anglais *le Swarn* de Newham (Capturé par *l'Industrie*) de 95 tonneaux.

Du 14 ventôse an 7ᵉ.

Conduit en ce port le sloop anglais *le Jean* chargé de blé de concert avec le corsaire *le Rusé* capitaine Audibert.

Du 26 ventôse an 7ᵉ.

Conduit en ce port le brick anglais *le Lyon* chargé de beurre et bœuf salé, capturé par *l'Industrie*.

Le Furet.

Armateur le citoyen Moleux Crouys, commandé par le citoyen Charles-Robert Cornu.

Armé à Boulogne le 22 pluviôse an 7ᵉ.

Du 11 ventôse an 7ᵉ.

Conduit en ce port le brick anglais *la Renommée*, chargé de charbon de terre et de grès, d'environ 160 tonneaux.

Dans cette liste des corsaires armés à Boulogne, en 1798 et 1799, que je dois à l'obligeance de M. Théodore Penon, se trouvent les noms des Boulonnais qui commandaient la plupart de ces bâtiments. Ce sont :

Aucoin, Firmin.
Audibert.
Bourgain, Jacques.
Broquant, Jacques.
Cornu, Charles-Robert.
Delpierre, Jacques.
Digard, Louis.
Duchenne, Jean-Pierre-Antoine.
Fourmentin, Nicolas-Denis.
Fourmentin, Jacques-Oudart.
Fourmentin, Jean-Jacques.
Fouqueux, Pierre-David.
Gauvin.

Huret, Jean-Augustin.
Huret, Guillaume.
Huret, Joseph.
Lanthonne, Louis-Pierre-François.
Lebeau, Toussaint-Denis.
Lebeau, Jean-Marie.
Lejeune.
Lelong, Joseph-Bertrand.
Levasseur.
Polet, Jean-Baptiste.
Routtier, Nicolas-Joseph.
Sauvage, Pierre-Antoine-Joseph.
Sauvage, Jean.
Trudin, François.

Aucoin Firmin, était natif de l'ile Saint-Jean en Arcadie, il épousa à Boulogne, le 31 mai, 1785, Geneviève-Marie-Louise Duchene.

Jacques-Oudart Fourmentin. *L'Enjôleur*, armé par le citoyen Tiesset fils et Cie le 25 fructidor de l'an V, était commandé par Jacques-Oudart Fourmentin, plus connu sous le nom de baron Bucaille. Le 14 frimaire de l'an VI, le même Fourmentin, prend le commandement du corsaire *le Rusé* et de concert avec le corsaire *l'Espiègle*, commandé par Jean-Pierre-Antoine Duchenne, il s'empara d'un bâtiment armé de dix canons de 18 et de deux de 36. Le 15 vendémiaire an VII, il reprend le commandement de *l'Enjôleur*.

Jean-Baptiste Pollet. *Le Sauvage*, armé par le citoyen Merlin-Dubrœil, était commandé par le citoyen Jean-Baptiste Pollet, et se signale par de nombreuses prises. Plus tard Jean-Baptiste Pollet commande le corsaire *le Jupiter*, du même armateur.

Jean-Pierre-Antoine Duchenne. Le 13 vendémiaire an VII, Jean-Pierre-Antoine Duchenne, s'embarque comme capitaine à bord du corsaire *les Bons-Amis*, puis il passe le 14 frimaire à bord de *l'Espiègle* avec lequel il aide le baron Bucaille à s'emparer d'un navire fortement armé. Il était capitaine au long-cours et enseigne de vaisseau auxiliaire. Le 1er nivôse an VI (21 décembre 1797), il reçut en récompense de son courage une paire de pistolets d'honneur du Directoire exécutif. Il fut nommé le 15 août 1804 chevalier de la Légion d'honneur au camp de Boulogne, le 22 août 1814, il fut décoré de l'ordre du Lys. Il mourut le 27 janvier 1826 à l'âge de soixante ans. Il était marié à Marie-Denise Lassalle qui décéda à Boulogne le 21 octobre 1849 à l'âge de soixante-dix-neuf ans. Il fut le père du Dr Duchenne, de Boulogne, et le beau-frère de Charles-Robert Cornu, autre capitaine de corsaire.

Nous savons en effet que :

1º Jean-Pierre-Antoine Duchenne (baptisé le 7 mars 1767) avait épousé l'une des cinq filles de M. Lasalle, Marie-Denise ;

2º La deuxième fille de M. Lassalle, Françoise-Pétronille, s'était mariée avec Charles-Robert Cornu qui fut également capitaine de corsaire ;

3º La troisième fille, Marie-Marguerite, s'était

mariée avec Louis-Pierre Sauvage, constructeur de navires ;

4° La quatrième avait épousé Robert-François Cary ;

5° La cinquième, Adrienne-Elizabeth, avait épousé Jean-Baptiste Levillain, officier de marine.

1° Du mariage Duchenne-Lassalle naquirent :

A. L'abbé Adolphe Duchenne.

B. Duchenne qui épousa sa cousine Isabelle Levillain.

c. Jules Duchenne, marié à Adèle Lasalle, mort en 1871 et qui eut un fils Jules Duchenne Brocard, mort en 1878, et deux petits-fils, Julien et Emile Duchenne.

D. Guillaume Duchenne, connu sous le nom du Dr Duchenne de Boulogne qui eut pour parrain Pierre-Benjamin Levillain et pour marraine Robertine-Geneviève Sauvage épouse de M. Foissey. G. Duchenne épousa une demoiselle Boutroy, dont il eut un fils, le Dr Emile Duchenne, mort en laissant deux filles et dont la veuve vit encore. Le Dr G. Duchenne se remaria plus tard avec sa cousine Robertine fille de Cornu-Lasalle, veuve de M. Lardé dont elle avait eu deux filles, Zoé-Emilie, épouse de M. Prosper Sauvage, d'où cinq enfants et Valérie Lardé, mariée à Caen à M. Isabel.

E. Trois filles mortes jeunes.

De la deuxième union Cornu-Lassalle, il ne résulta que deux filles, l'une qui épousa M. Haigneré et l'autre, qui veuve en premières noces de M. Lardé, épousa en secondes noces le Dr Duchenne de Boulogne.

De la troisième union Sauvage-Lassalle, il naquit six enfants :

1° Marguerite Sauvage, épouse de Silvestre Duchochois, d'où : A.Louis Duchochois, époux de demoiselle Pinta, avocat et juge de paix à Tourcoing, d'où mademoiselle Marguerite Duchochois mariée à M. Devemy, d'où Prouvost-Devemy. — B. Demoiselle Louise Duchochois, veuve en premières noces de M. Voinan et en deuxièmes noces de M. Danyau, d'où madame Gauvart.— C. Adolphe Duchochois marié à demoiselle Pollet, d'où Gaston Duchochois et Duchochois-Lafosse. — D. Demoiselle Clarisse Duchochois. — E. Le colonel Victor Duchochois. — F. Léon Duchochois, tué en Algérie à sa sortie de Saint-Cyr.

Adolphe Duchochois avait épousé la fille de Jean Pollet Dagron, fils de J.-B. Pollet, capitaine de corsaire, dont le portrait et les armes existent encore dans la famille Duchochois, l'autre fille de M. Pollet-Dagron, avait épousé M. Prévotel ;

2° Louis-Sauvage, époux de demoiselle Grebet ;

3° Marie-Anne Sauvage qui épousa son cousin Joseph Sauvage d'où Joseph Sauvage et Julie Sauvage femme de M. Marlois.

4° Guillaume Sauvage, époux de demoiselle Delrue, d'où Clarisse Sauvage épouse du Dr Charles-Adolphe Guerlain d'où cinq enfants et Sauvage marié à demoiselle Oliver d'où Emilie Sauvage mariée à M. Débetto et Guillaume Sauvage ;

5° Louise Sauvage ;

6° Robertine Sauvage, mariée à Jules Foissey, d'où Grégoire Foissey, Dutertre-Foissey et Foissey-Marx.

De la quatrième union Cary-Lassalle, il ne resterait plus de survivants.

De la cinquième union Levillain-Lassalle, naquirent :

1° Benjamin Levillain, marié à demoiselle Dusommerard ;

2° Guillaume Levillain, marié à demoiselle Huret ;

3° Isabelle Levillain, mariée à son cousin Duchenne.

Du mariage Levillain-Huret naquirent cinq filles :

A. Catherine Levillain veuve du colonel Griset d'où Lefrançois-Griset.

B. Charlotte Levillain, mariée à Bellet, avocat, d'où Bellet-Boursier et Vidor-Bellet.

C. Isabelle Levillain, mariée à Brocard, d'où deux enfants.

D. Clarisse Levillain, mariée à M. Poulle, président du tribunal de Poitiers d'où trois enfants.

E. Marie Levillain, mariée à M. Huret, d'où Huret-Callias, Huret-Thoumin et Charles Huret.

JEAN-JACQUES POLLET, fils de Jean-Baptiste Pollet, célèbre capitaine de corsaires, après avoir été corsaire lui-même, devint officier de marine. Derrière un petit tableau très bien fait, représentant les divers bâtiments qu'il a montés se trouve l'inscription suivante écrite de sa main :

Vie militaire de M. Jean-Jacques Pollet, aspirant de

1re *classe, faisant les fonctions d'enseigne de vaisseau dans l'escadre de l'Escaut de 1809 à 1814.*

1809. Embarqué sur le vaisseau le *César* et l'*Hector*.

1810. Passe au commandement du paquebot de l'amiral qu'il a quitté pour prendre celui de la canonnière n° 205 pour l'instruction des apprentis marins de vaisseau; passé du n° 205 à celui *157* avec son équipage pour diverses missions en Hollande. En retour il a pris le

1813. Commandement de la corvette la *Décidée*.

1814. Dans l'insurrection de la Hollande, il commandait un détachement d'avant-garde. De retour à Anvers il a été employé pour diverses missions, pour transport d'ordre dans des circonstances difficiles lors du bombardement d'Anvers et en dernier lieu à l'état-major d'artillerie, jusqu'au moment de la reddition de la ville.

Retour à Brest sur le vaisseau l'*Hector*.